Narzissmus und Gaslighting.

Wie erkenne ich dies, was kann ich tun?

Wie komme ich da raus?

Inhaltsverzeichnis

Sie hören aufmerksam zu

Sie haben viele Kontakte und Freunde

Sie können Fehler einräumen

Sie übernehmen die Verantwortung für sich

Sie brauchen sich nicht zu verstellen

Sie freuen sich für andere Mitmenschen

So erkennst du Gaslighting

Wie beginnt Gaslighting?

Gaslighting ist ein Phänomen, das in Beziehungen auftritt.

Du zweifelst an deiner geistigen Gesundheit -Verstand

Dein Partner zeigt kein Interesse an deinen Gefühlen und verhält sich abweisend.

Wenn du ständig sprichst, wirst du meistens unterbrochen.

Deine Wahrnehmung in Wort, Schrift und

Audio zu äußern, führt zu Schuldgefühlen

Wenn du sagst, dass du verletzt bist, entschuldigt sich dein Partner nicht.

Dein Partner gibt dir oder äußeren Einflüssen die Schuld an der Misere.

Du zweifelst daran, dass du nicht genug sein würdest.

Unterhalte dich mit deinem Partner über das Gaslighting.

Wenn Gaslighting besteht, beenden Sie die Beziehung.

Beobachte den Muster – Charakter

Narzissmus und Gaslighting

Wie erkenne ich dies, was kann ich tun?

Wie komme ich da raus?

Willi Ferkovic

Vorwort

Viele Beziehungen sind mit einer großen gesundheitlichen Belastung verbunden. Es sind nicht nur Paare, sondern auch Väter und Mütter, die ihren Kindern narzisstische oder Gaslighting Charakterzüge mit in die Wiege gelegt haben. Es gibt auch in der Arbeitswelt die manipulativen Züge, die man am Leib gesundheitlich spüren kann. Die Gesellschaft wird zunehmend narzisstisch, was zu einer Volkskrankheit Nr. 1, Depressionen und Burn-out, Autoimmunerkrankungen führen kann. Opfer sind die Menschen, die den Verdeckten-Narzissmus und Narzissmus, mit Gewalt und Angst und Gaslighting von Täter/in angewendet werden. Das Selbstvertrauen und das selbst Denken wurde auf eine unmenschliche, Charakterlose Art und Form entzogen, daher glauben viele Opfer, dass sie nicht gut genug sind oder viele Fehler an sich haben, dies betrifft Gaslighting. Viele Opfer versuchen aus diesem krankhaften Abhängigkeitsgefühl herauszukommen oder zu beenden, doch viele scheitern daran.

Dieses Buch kann dir dabei helfen, Verhaltensmuster von Narzissmus und Gaslighting zu erkennen und dich entsprechend zu verhalten. Selbstvertrauen und den Selbstwert zu erkennen, es kann dir in diesem Buch eine Sichtweise für dein Leben eröffnen, denn jeder sollte seinen eigenen Weg gehen und leben und nicht überleben müssen.

Du kannst und wirst erkennen in diesem Buch, dass viele Falschheiten und Manipulationen dir angetan wurden.

Es kann dir Unterstützung geben für deine Zukunft und Einsichten in den Momenten, die dir weiterhelfen können, wie Selbstvertrauen und Selbstbewusstsein aufzubauen, wie auch dein Selbstwert zu erkennen, um lebendig zu sein und Lebendigkeit auszuleben, und wohlfühlend, mit Leichtigkeit zu leben als deine persönliche Lebensaufgabe. Viel Erfolg und gutes Gelingen, mit guten förderlichen Gedanken.

Hilfe Telefon

Gewalt gegen Frauen - www.hilfetelefon.de

Tel. 08000 116 016 + Sofort Chat + E-Mail

12:00 Uhr – 20:00 Uhr

Beratung in 18 Sprachen + Gebärdensprachen.

Telefon Seelsorge – www.seelsorge.de

E-Mail: online.telefonseelsorge.de

Tel. 0800 111 0 111   &   0800 111 0 222

Gemeinsam gegen Missbrauch

Telefonzeiten:

Mo., Mi., Fr.: 9–14 Uhr

Di., Do.: 15–20 Uhr

www.beauftragte – missbrauch.de

E-Mail: kontakt(at)ubskm.bund.de

11

Tel. 0800 22 55 530

Weisser Ring – www.weisser – ring.de

Wir helfen Kriminalitätsopfern – 7 Uhr bis 22:00 Uhr

E-Mail: info@weisser-ring.de

Tel. 116 006

Frauenhauskoordinierung e. V
www.frauenhauskoordinierung.de

E-Mail: info@frauenhauskoordinierung.de

Tel. 030 – 338 43 42 – 0

Caritas Deutschland - www.caritas.de

Ehe-, Familien- und Lebensberatung

Tel 0761 200-0

E-Mail: info@caritas.de

Diakonie Deutschland – www.hilfe.diakonie.de

Falls du Körperlich eingeschränkt bist

Lebensberatung + Gewalt gegen Frauen und mehr

Soziale Kompetenz - Narzissmus

Was ist eine posttraumatische Belastungsstörung (PTBS)?

Die posttraumatische Belastungsstörung (PTBS) tritt als eine verzögerte psychische Reaktion auf ein belastendes Ereignis, eine Situation außergewöhnlicher Bedrohung oder katastrophenartigen Ausmaßes auf. Worauf ich hinauswirken möchte, dass Gedanken eine sehr große Rolle in unserem Leben abstimmen. Falsche oder richtige Entscheidungen. Es gibt Unterschiede zwischen richtig und falsch gehandelt oder die Wahl getroffen zu haben, dies sind Beeinflussungen, Manipulationen, die außerhalb oder vor dir entstehen können. Durch Abhängigkeiten und Gewohnheiten, die zu einer Manifestation hingeführt worden sind, ist es schwierig einen gesunden normalen

13

Menschenverstand wieder zu erleben, wenn man in diesem Umfeld ist. Damit wird gemeint, die Selbstbestimmung über das Leben selbst zu führen und zu handeln, wie auch das selbst denken, die eigene Meinung oder Überzeugung zu stehen – Standhaft zu bleiben, dies ist nicht möglich in einem solchen manifestiertem Zustand. Um wieder Lebensfreude und selbstständiges Leben, Denken, Handeln und Lieben, sollte man sich in einer Therapie behandeln lassen. Wenn es nicht schwerwiegende Manifestationen sind und Traumas und mehr, dann kann man auch mit einem Psychologischem Berater sich aussprechen und gute Tipps bekommen.

Narzissmus

In manchen Fällen verliebt man sich schnell in Narzissten, denn sie sind oft <u>faszinierend</u>. Es ist wichtig, dass sie besonders sind, und sie treten originell, <u>charismatisch</u> oder <u>humorvoll</u> auf. Sie sind kreativ, <u>unterhaltsam</u> und sorgen für unvergessliche Erlebnisse. Es ist problematisch, wenn sie wenig <u>Empathie</u> besitzen.

Sein Ziel muss immer im <u>Mittelpunkt</u> stehen: Die Bedürfnisse und Interessen des Narzissten beanspruchen oft so viel <u>Aufmerksamkeit</u>, dass man als seine <u>Partnerin</u> fast hinter ihm <u>verschwindet</u>. Narzissten sind in der Lage, das Gespräch stets auf <u>ihre</u> Themen zu <u>lenken</u>.

Es geht <u>immer</u> nach ihren <u>Wünschen</u>: Viele Partnerinnen von Narzissten fühlen sich nicht nur <u>nicht gesehen</u>, sondern <u>fremdbestimmt</u>, da ihre Partner gerne möglichst <u>alles bestimmen</u>.

15

Widersprechen Sie ihm, drohen <u>Nichtbeachtung</u> oder <u>Ablehnung</u>.

Extreme Narzissten schenken oft wenig Aufmerksamkeit für besondere Eigenschaften, Fähigkeiten oder Erfolge ihrer Partnerin, da sie nicht gut damit zurechtkommen können, wenn andere besser können als sie selbst. Manchmal sagen sie auch anderen mit den Vorteilen ihrer Partnerin an, jedoch weniger mit ihren Eigenschaften und eher mit ihrer äußeren Attraktivität.

Kritik an Narzissten, Männlich & weiblich ist unmöglich, da sie beleidigt, gekränkt oder verärgert, theatralisch reagieren. Sie werden meistens versuchen, sich zu rechtfertigen oder den Angriff fortzusetzen. Dies führt dazu, dass man als Partner & Partnerin irgendwann keine Lust mehr hat, Kritik zu äußern. Die Probleme stauen sich massiv.

Narzissten scheuen emotionale Nähe und sprechen ungern über Gefühle. Sie verstecken sich hinter einer distanzierten Art. Als Partnerin ist das für sie eine Enttäuschung. Es ist nicht genug Geborgenheit und Intimität vorhanden.

Narzissten suchen Bestätigung durch Affären und flüchtige sexuelle Bekanntschaften. Dies ist nicht nur ein Problem in Bezug auf die Treue, sondern auch in anderen Bereichen. Sie übertreiben oder erfinden ihre Erfolge, um sich selbst in einem besseren Licht erscheinen zu lassen.

Narzissten sehen ihre Partnerinnen nicht als eigenständige Wesen mit eigenen Wünschen und Bedürfnissen, sondern als Objekte, die ihre eigenen Ziele befriedigen sollen. Sie nutzen ihre Attraktivität, um sich selbst aufzuwerten, ihre gesellschaftliche Stellung zu verbessern oder ihre sexuellen Wünsche zu befriedigen.

Nicht alle Narzissten sind persönlichkeitsgestört und es gibt durchaus Konstellationen, die funktionieren können. Einerseits Paare mit zwei narzisstischen Menschen – die Partner werten sich dann gegenseitig aus. Andererseits können sich auch selbst unsichere Partnerinnen bei Narzissten wohlfühlen. Narzisstische Frauen können unsichere Personen entlasten, indem sie ihnen Entscheidungen abnehmen. Wer die Eigenarten des anderen akzeptiert, kann sich in einer Beziehung mit einer narzisstischen Person wohlfühlen. Wenn die eigenen Bedürfnisse nicht erfüllt werden oder der Partner den eigenen Selbstwert gefährdet, sollte man sich überlegen, ob man sich trennen sollte. Es fällt häufig schwer, dies zu bewältigen.

Eltern, die narzisstisch sind, sind nicht in der Lage, die Bedürfnisse der Kinder zu berücksichtigen. Stattdessen richten sich die Kinder nach den Wünschen ihrer Eltern, sie sind ständig damit beschäftigt, herauszufinden, wie es ihren Vätern und Müttern geht. Nur wenn sie sich nach ihren Bedürfnissen richten, werden sie Aufmerksamkeit oder Zuwendung erhalten. Die Preisgabe von Gefühlen kann dazu führen, dass sich die Betroffenen nicht mehr in der Lage fühlen, ihre eigenen Gefühle wahrzunehmen. Im Kindesalter werden die Bedürfnisse der Eltern häufig nicht direkt wahrgenommen, was zu Konflikten im Erwachsenenalter führen kann. Wenn die Kinder eigene Bedürfnisse und Themen entwickeln, sind sie meistens nicht auf die Eltern fokussiert, sondern auf Gleichaltrige.

Narzissten und Narzisstinnen betrachten ihre Kinder in erster Linie als Mittel zum Zweck, um sich selbst zu bestätigen oder zu spiegeln. Ihre Liebe dient nicht der Selbstlosigkeit, sondern dient vielmehr der Selbstliebe. Narzissten benutzen ihre Kinder häufig als Mittel, um ihre eigenen Bedürfnisse zu befriedigen. Sie sollen Erweiterungen ihrer selbst sein. In narzisstischen Vätern wird deutlich, dass sie sich hauptsächlich ihren eigenen Interessen widmen und die Erziehung ihrer Kinder anderen überlassen. Bei wichtigen Lebensfragen haben sie oft den Anspruch, das Kind zu führen, also ihm ihre Vorstellungen aufzuerlegen. Ihr Kind möchte sich in ihrem Kind widergespiegelt fühlen.

Oft legen narzisstische Mütter einen hohen Wert auf eine perfekte Fassade und sind angeblich engagiert in der Erziehung. In der Regel zeigen sie ihren Kindern wenig Wärme oder Einfühlungsvermögen. Die Kinder dienen in erster Linie der Selbstdarstellung und der Befriedigung ihrer Bedürfnisse. Das Kind erhält keine Wärme, Zuwendung oder positive Rückmeldung, die es benötigt. Die meisten Menschen berichten, dass sie sich in ihrer Kindheit „unsichtbar" gefühlt haben.

In Familien, die distanziert oder abwertend gegenüber ihren Mitgliedern sind, zeigen manche Kinder narzisstische Verhaltensweisen, um sich vor negativen Emotionen oder Zurückweisung zu schützen. Das führt dazu, dass Sie selbst eine narzisstische Situation entwickeln.

Als Erwachsene leiden viele Menschen an Depressionen, Selbstwertproblemen, Verlustängsten oder Beziehungsproblemen. Sie haben oft Schwierigkeiten, sich von den Gefühlen anderer Menschen abzugrenzen. Die Notwendigkeit, die Bedürfnisse anderer zu erkennen und zu berücksichtigen, war in ihrer Kindheit notwendig. Menschen, deren Eltern Narzissten sind, versuchen häufig, ihr instabiles Selbstwertgefühl durch Höchstleistungen zu kompensieren. In ihrem Studium oder Beruf verausgaben sie sich oft, manchmal entwickeln sie eine chronische Erschöpfung, Burn-out oder Essstörungen. Andere weisen den Leistungsanspruch zurück, resignieren und verfallen in Sucht und

Depression. Eine spätere Partnerwahl ist oft von den Kindheitserfahrungen geprägt. Eltern, die sich mit diesen Beziehungsdynamiken vertraut machen, wählen oft Partner oder Partnerinnen, die ihre emotionalen Bedürfnisse nicht erfüllen können oder für die sie sorgen müssen.

Die Hoffnung, dass Mutter oder Vater jemals echte Liebe oder Empathie zeigen werden, kann befreiend sein. Manchmal ist ein Kontaktabbruch die beste Lösung. Narzissten wollen Macht und Kontrolle über andere ausüben. Sie werden die Eltern kränken. Ein Neuanfang kann zu einem positiven Ergebnis führen, wenn er dadurch zu einer Verhaltensänderung führt.
Es ist zu erwarten, dass sich die Beziehung in Zukunft verbessert, da narzisstische Persönlichkeitszüge im Allgemeinen mit zunehmenden Alter abnehmen.

Wie kann ich mit Narzissten umgehen?

Narzissten sind verletzbar und hassen Kritik. Daher erfordert der Umgang mit ihnen viel Fingerspitzengefühl.
Kritik sollte stets konstruktiv und freundlich formuliert werden. Vor allem die Ich-Botschaften sind bewährt. Ich fühle mich verletzt, wenn du dich nicht nach meinem Befinden erkundigst. „Der Narzisst kann das nicht einfach abstreiten. Es klingt auch nicht wie ein Angriff auf sein Ego. Ein Narzisst kann sich leicht mit Lob und Schmeicheleien umgarnen und selbst manipulieren.

Seien Sie sich der Tatsache bewusst, dass Sie einen Narzissten nicht ändern können. Vielleicht können Sie ihm auch Grenzen setzen und seine Manipulationsversuche abwehren. Wenn alles nicht hilft, bleibt oft nur der Abbruch der Beziehung und auf Distanz zu gehen.

Ein Narzisst wird jegliche Konfrontation nicht akzeptieren.

Narzissten sind nicht bereit, ihre manipulativen Methoden einzugestehen, da sie dadurch ihre Kontrolle verlieren würden. Wenn du ein unangenehmes komisches Gefühl hast gegaslightet zu werden, dann entferne dich lieber und beende das Gespräch. Sie interessieren sich meist nicht für die Perspektive oder das Gefühl anderer. Ermüdung und Leid kosten dich nur mehr Energie und Leid, um sie davon zu überzeugen.

Narzissmus Ursachen

Die Erziehung und die frühen Kindheitserfahrungen spielen bei der Entstehung von Narzissmus oft die wichtigste Rolle. Ein übermäßiges Verhätscheln der Eltern kann dazu führen, dass sich die Kinder später über wertig und überlegen fühlen und das Gefühl zwanghaft konservieren. Eine der Hauptursachen ist die Vernachlässigung: Wer als Kind zu wenig Aufmerksamkeit und Zuwendung bekam, versucht das später zu kompensieren.

Narzissmus eines Elternteils kann sich auf das Kind übertragen. Etwa weil es lernt, dass Liebe niemals selbstlos ist und eine perfekte Fassade wichtiger ist. Außerdem ist in narzisstischen Familien oft ein hohes Maß an Misstrauen zu spüren. Wissenschaftliche Studien belegen, dass Narzissten Schwierigkeiten haben, die Bedürfnisse anderer wahrzunehmen. Im Magnetresonanztomographen (MRT) stellte der Psychologe Stefan Röpke von der Charité Berlin eine signifikant dünnere Großhirnrinde fest. Es handelt sich um die äußere Nervenzellschicht des Gehirns, die für unser Mitgefühl und unsere Empathie verantwortlich ist.

Ob sie ein Narzisst sind?

Sie hören aufmerksam zu

Ist es Ihnen möglich, in Gesprächen einfach nur zu schweigen, zu schweigen und Ihrem Gesprächspartner Raum zu geben? Es ist nicht nötig, sich Sorgen zu machen. Wenn man sich zurücknimmt und aufmerksam zuhört, ist man kein Narzisst.

Sie haben viele Kontakte und Freunde

Sie haben einen großen und stabilen Freundeskreis, der sich durch besonders gute Freunde auszeichnet? Ihre Freunde hätten Sie längst darauf aufmerksam machen müssen, dass Sie selbstsüchtig sind und sich von ihnen entfernt haben. Narzissten sind nicht in der Lage, eine langfristige Beziehung zu führen, da sie nicht bereit sind, in eine Beziehung zu investieren. Sie wollen nur Nutzen ziehen.

Sie können Fehler einräumen.

Narzissten versuchen, ihr makelloses Bild zu bewahren. Es ist für sie unmöglich, sich selbst Fehler einzugestehen. Sind Sie bereit, Fehler zu machen und da zuzustehen, ist dies ein starkes Zeichen für einen reifen Charakter. Hinzu kommt, dass Sie sich weiterentwickeln und aus Rückschlägen lernen.

Sie übernehmen die Verantwortung für sich.

Narzissten betrachten sich als Maß aller Dinge. Seine Messlatte ist unerreichbar hoch. Diese Selbstdarstellung erzeugt bei anderen ein Gefühl der Arroganz, aber das Gesamtergebnis verbessert sich nicht. Wenn Sie ein Teamplayer sind, der seine Kollegen respektiert und ihnen angemessene Verantwortung überträgt, sind Sie definitiv kein Narzisst.

Sie brauchen sich nicht zu verstellen.

Narzissten können sich gerne und verständnisvoll zeigen, allerdings nur, weil sie sich davon einen Vorteil versprechen. Das Umfeld soll so manipuliert werden, dass sie in ein besseres Licht gerückt werden. Sie aber verstellen sich nicht, um anderen zu gefallen. Dann können sie sich sicher sein, dass sie kein Narzisst sind.

Sie freuen sich für andere Mitmenschen

Narzissten freuen sich nicht für andere Menschen. Eine ehrliche Freude an den Erfolgen anderer ist ein untrügliches Zeichen, dass Sie kein Narzisst sind.

Sie nehmen Hilfe an, wenn sie brauchen.

Narzissten lehnen es ab, Hilfe von anderen anzunehmen. Eingeständnis der eigenen Unfähigkeit ist ein Zeichen von Schwäche. Je weniger Narzissmus Sie haben, desto mehr erkennen Sie, dass Erfolg meist auf Teamarbeit beruht und niemand alles perfekt kann.

Narzissmus Symptome

Unfähigkeit-Einfühlungsvermögen, sich in die Situation anderer Menschen hineinzuversetzen

Keine Selbstreflexion und Arroganz

Übertriebene Selbstüberschätzung

Träume vom grenzenlosen Erfolg

Übermäßige Selbstbezogenheit kann zu sozialer Isolation führen

Bedürfnis nach Bewunderung und Anerkennung

Dauerhaftes Machtstreben

Ein mangelndes Interesse an anderen Menschen

Häufige Unruhe und Ungeduld

Kritikempfindlichkeit

Narzisstische Persönlichkeitsstörungen sind
bei Männern häufiger als bei Frauen, und die
Störung beginnt üblicherweise im Teenager-
oder frühen Erwachsenenalter. Es ist wichtig
zu bedenken, dass Kinder häufig narzisstische
Züge zeigen, die jedoch nur typisch für ihr
Alter sind und nicht auf eine narzisstische
Persönlichkeitsstörung hindeuten. Die
Genetik und die Neurobiologie können bei der
Entwicklung einer narzisstischen
Persönlichkeitsstörung beteiligt sein. Die
Merkmale der narzisstischen
Persönlichkeitsstörung weisen Ähnlichkeiten
zu denen anderer Persönlichkeitsstörungen
auf. Es ist möglich, dass mehrere
Persönlichkeitsstörungen diagnostiziert
werden. Dies erschwert die Diagnose einer
narzisstischen Persönlichkeitsstörung.

Maligner Narzissmus

Verdeckter Narzissmus?

Der verdeckte Narzissmus, auch als vulnerabler Narzissmus bezeichnet, ist eine Form der Persönlichkeitsstörung, die nicht sofort zu erkennen ist und oft unerkannt bleibt. Bei Männern ist diese Form des Narzissmus seltener als bei Frauen und ist deutlich mehr verbreitet. Dennoch gibt es sie, diese unauffälligen männlichen Narzissten, die ihr engeres Umfeld manipulieren, kontrollieren und emotional missbrauchen. Viele Narzissten sind sich ihrer eigenen Meinung bewusst und treten arrogant in den Vordergrund, und wickeln andere Menschen mit Charme um den Finger. Eine Manipulation ist ein Mittel, um Ziele zu erreichen und die eigenen Fehler auf andere zu schieben. Sie sind Egoisten, die sich für ihre vermeintliche Großartigkeit feiern lassen und die Aufmerksamkeit anderer zum Leben benötigen. Diese Form wird als großartiger Narzissmus bezeichnet. Doch es gibt auch diejenigen, die sehr introvertiert, vulnerabel und unsicher sind und sogar depressiv sind. Außenstehende empfinden sie als besonders liebevoll und mitfühlend, weil sie sich in der Öffentlichkeit zurückhaltend verhalten. Viele Menschen sind sozial engagiert und sind deshalb sehr angesehen. Diese manipulative Seite zeigt sich zu Hause jedoch durch wiederholte Sticheleien, versteckte Beleidigungen und gezielt ausgelöste Schuldgefühle. Dies geschieht häufig unterschwellig und fällt den Betroffenen lange Zeit nicht auf. Emotionalem Missbrauch wird oft viel zu lange nicht als solcher erkannt. Dies führt jedoch zu großem Leid für die Betroffenen.

Wie wirkt sich ein verdeckter Narzisst in einer Beziehung aus?

Die Beziehung mit einem verdeckten Narzissten ist von subtiler emotionaler Misshandlung geprägt. Es scheint, als ob die Beziehung zwischen den beiden perfekt und liebevoll sei, in Wahrheit wird jedoch ständig mit Beleidigungen und Schuldzuweisungen hantiert. Wenn etwas nicht nach Plan verläuft, bist Du für die Abwicklung verantwortlich. Wenn sich der Partner schlecht fühlt, liegt das allein an Dir.

Seine Äußerungen wirken auf den ersten Blick nicht bedrohlich, doch auf lange Sicht können sie zu Zweifeln an Deinen eigenen Fähigkeiten, Deinem Selbstbewusstsein und Deinem Lebensglück führen. Wie kannst Du glücklich sein, wenn Dein Partner sich unwohl fühlt? Wie kannst Du mit Freunden Zeit verbringen und Spaß habe, die Zeit wird dazu führen, dass er Dich von Deinem eigenen Freundeskreis isoliert, vielleicht sogar von der Familie. Eine partnerschaftliche Beziehung mit einem verdeckten Narzissten ist toxisch, ohne dass Du es bemerkst. Durch seine subtile Manipulation stellt er sich als Opfer dar und erweckt dadurch Dein Mitgefühl. Er lenkt Dich von Deinen Gefühlen ab und hindert Dich daran, glücklich und frei zu sein. Liebesbekundungen sind nur eine Methode, um die Kontrolle über Dich zu erlangen und Dich als Spielball zu benutzen. Für eine dauerhafte Unzufriedenheit, Schuld und unglückliche Beziehung solltest Du das Verhalten Deines Partners hinterfragen. Möglicherweise bist Du in einer Beziehung mit einem verdeckten Narzissten, ohne es zu wissen. Der verdeckte Narzisst ist nicht auf Liebe und Wertschätzung angewiesen, sondern muss seine ganze Aufmerksamkeit darauf richten, damit er seine Wünsche nach seinen Vorstellungen erfüllt.

Wie manipulieren verdeckte Narzissten die Wahrheit?

Verdeckte Narzissten manipulieren sehr gezielt. Ihre Kritik und Abwertungen sind oft versteckt und werden beiläufig geäußert.

Bei allen psychischen Störungen sind die Ursachen für Minderwertigkeitskomplexe in der Kindheit zu suchen.

In der Kindheit litten die Betroffenen unter mangelnder elterlicher Liebe und Fürsorge und unzureichender Anerkennung ihrer Leistungen. Die Ursachen von Minderwertigkeitskomplexen sind ausbleibendes Stillen, zu wenig Zeit für das Kind und fehlende empathische Unterstützung seitens der Eltern. Als Kinder wurden sie oft kritisiert und selten gelobt.

Auch eine zu starke Verwöhnung der Kinder kann später zu Minderwertigkeitskomplexen führen. Denn ohne die Verwöhnung bliebe das Kind und der Erwachsene später auf der Suche nach Anerkennung, die in einer gesunden Beziehung unmöglich ist.

Trotz häufig beachtlicher Karrieren suchen die Betroffenen beider Ursachen beständig Anerkennung und können Erfolge nicht genießen. Die ständige Unsicherheit und die fast zwanghafte Gewohnheit, sich bei allem Tun mit anderen zu vergleichen, machen Betroffene zu depressiven Außenseitern.

20 Anzeichen, die auf einen verdeckten Narzissten hinweisen.

Der verdeckte Narzisst ist häufig schwer zu erkennen, da er sich nicht in den Vordergrund drängt wie der grandiose Narzisst. Narzissten, die sich als schwach und verletzlich wahrnehmen, wirken auf andere oft schüchtern, aber ihr einziges Ziel ist die Bewunderung und Anerkennung anderer Menschen. Sie geben sich nach außen hin bescheiden, hilfsbereit und selbstlos, um die erwünschten Komplimente zu erhalten.

Sein Äußeres ist freundlich, zuvorkommend, liebevoll und hilfsbereit. Sein wahres Gesicht wird nur zu Hause gezeigt.

Er wirkt schüchtern und ist oft verlegen – ein Hinweis auf sein mangelndes Selbstwertgefühl.

Er kritisiert Dich ständig, egal ob es direkt oder indirekt geschieht. Er verpackt seine Kritik und Beleidigungen in unterschwellige Bemerkungen.

Er ist nicht in der Lage, Kritik und Zurückweisung zu verarbeiten und reagiert darauf mit Aggression.

Er ist ein Genie und wird nicht müde, zu betonen, dass er alles besser machen würde. Er ist jedoch nicht bereit, sich selbst zu engagieren. Er lässt lieber andere für ihn arbeiten.

Er neigt dazu, sich in Selbstmitleid zu ertränken.

Er inszeniert sich gerne als Opfer, um
Mitleid zu erlangen.

Er fühlt sich schlecht, wenn er sein
Umfeld mit negativen Gedanken
belastet und überträgt diese auf
andere.

Er erfindet Probleme oder
Krankheiten, um die Aufmerksamkeit
auf sich zu ziehen.

Er sieht die Schuld an Misserfolgen
nicht bei sich selbst, sondern bei
anderen Menschen.

Er würde niemals zugeben, dass er
einen Fehler gemacht hat, denn er ist
perfekt.

Er verhält sich passiv-aggressiv, weil er frustriert ist, weil die Dinge nicht nach seinen Vorstellungen laufen.

Er wird sich nie entschuldigen, wenn er Dich bei einem Konflikt verletzt, da er sein eigenes Verhalten nicht reflektiert.

Eine Entschuldigung kommt ihm nur als Teil seiner Manipulationsstrategie über die Lippen.

Er spielt mit Deinen Gefühlen und weiß genau, wie er Dich zu seinen Gunsten beeinflussen kann.

Er ist wenig einfühlsam und hat Schwierigkeiten, sich in andere Menschen hineinzuversetzen.

Der verdeckte Narzisst/in hat stets recht.

Er ist immer neidisch auf die Erfolge anderer und geht davon aus, dass er das auch verdient - ohne sich besonders anstrengen zu wollen.

Er hat häufig Stimmungsschwankungern und neigt zu Depressionen.

Er droht damit, sich das Leben zu nehmen oder Dich zu erpressen, um Dich an sich zu binden.

Was ist der weibliche Narzissmus?

Die Persönlichkeitsstörung Narzissmus ist eine Form der Minderwertigkeitskomplexe. Die meisten Menschen, die sich auf Partnersuche befinden, wollen sich nicht mit dem Klischee des Narzissten identifizieren. Das Krankheitsbild ist jedoch auch bei Frauen zu finden. Weibliche Narzissten verhalten sich jedoch völlig anders.

Narzissmus wird häufig als Persönlichkeitsstörung bezeichnet. Der weibliche Narzissmus Form ist jedoch noch eine weitere Form des Narzissmus. Die erste Form ist überwiegend bei Männern zu finden, die zweite bei Frauen. Auch bei Männern können sich Persönlichkeitsstörungen durch

Verhaltensmuster zeigen, die eigentlich typisch für weiblichen Narzissmus sind.

Narzisstische Männer lieben es, von Bewunderern umgeben zu sein, sie protzen gerne in der Öffentlichkeit, manipulieren ihr Umfeld und geben nach außen hin den großen Gönner, während sie privat abweisend, egoistisch und gefühlskalt sind und sich nicht an eine andere Person binden wollen oder können. Diese Art von Verhalten verschleiert ihr geringes Selbstbewusstsein und enorme Minderwertigkeitskomplexe.

Diese Gründe sind im Verhalten von narzisstischen Frauen deutlich erkennbar. Die Unsicherheit und Minderwertigkeitsgefühle führen dazu, dass Narzisstinnen übermäßig nach Bestätigung von außen suchen. Sie ist von Perfektionismus, Selbstzweifeln und dem Streben nach Anerkennung getrieben. Ihr Ziel ist es, stets zu gefallen. Bestätigungen und Bewunderung sind für sie von entscheidender Bedeutung. Ohne sie fühlt sie sich hilflos und wertlos.

45

Woher kommt der weibliche Narzissmus?

Die Ursachen für weiblichen Narzissmus sind dieselben wie für die bekanntere Form der Persönlichkeitsstörung, die überwiegend bei Männern auftritt.

Ein geringer Selbstzweifel.

Starke Minderwertigkeitskomplexe,

Extremer Leistungsdruck der Eltern

Traumatische Kindheit

Strenge Erziehung

In der Regel werden die Grundlagen der Erziehung durch ein gestörtes Verhältnis zu den Eltern, durch Liebesentzug oder durch übermäßiges Streben nach Status und Ansehen der Eltern geschaffen. Die weibliche Form des Narzissmus äußert sich auf unterschiedliche Weise.

Der weibliche Narzissmus und die Trennung

Eine Trennung vom Partner ist für Narzissten eine tiefe Krise, da damit sowohl das Scheinbild einer perfekten Partnerschaft als auch die Rückbestätigung vom Partner in der Beziehung zerstört wird. Es bleibt die Angst vor Einsamkeit und Isolation.

Narzisstische Frauen neigen dazu, ihre Partner zu sehr an sich zu binden, was häufig zu einer Trennung führt. Sie scheuen auch vor Lügen, Manipulationen und Intrigen nicht zurück. Sie ist nicht in der Lage, echte emotionale Bindungen einzugehen, da sie ihre eigenen Gefühle nicht kennt. Sie empfinden keine Trauer, sondern Wut und Rachegelüste.

Welche Verhaltensweisen zeigen Frauen, die narzisstisch veranlagt sind?

Der weibliche Narzissmus ist in der Bevölkerung weit verbreitet und kann allein noch keinen eindeutigen Hinweis auf eine Persönlichkeitsstörung geben. Sie ist oft für Außenstehende unsichtbar, aber sie schwächt die Kräfte der Betroffenen sehr. Sie gehen bis an oder über ihre Grenzen, um Anerkennung zu ernten.

Ein Anzeichen für weiblichen Narzissmus ist

Der zwanghafte Perfektionismus ist eine psychische Störung, die durch zwanghaftes Streben nach Perfektion gekennzeichnet ist.

Ein selbstbewusstes Auftreten.

Das Erscheinungsbild ist sehr gepflegt

Bescheidenheit

Hohe Ansprüche an sich selbst haben.

Hohe Werthaltung auf Äußerlichkeiten

Ein hohes Maß an Anpassungsfähigkeit

Auf den ersten Blick scheint es positiv zu sein. Dies ist jedoch nur ein Mittel, um bewundert zu werden. Im Inneren nagen Selbstzweifel und das Gefühl, nicht gut genug zu sein. Die sozialen Medien stellen eine ideale Plattform zur Selbstdarstellung dar. Nur die besten Bilder werden hochgeladen, um viele Likes und positive Kommentare zu erhalten. Jeder negative Kommentar entfacht jedoch noch mehr Hass.

Narzissten reagieren empfindlich auf Kritik am Erscheinungsbild und versuchen, noch perfekter und makelloser zu sein, um die Fassade aufrechtzuerhalten. Diese Fassade dient lediglich dazu, die unangenehme Realität dahinter zu verbergen. Kritik ist für Narzisstinnen ein großes Problem, das zu Depressionen, Essstörungen und Selbstzerstörung führen kann.

Um den Schein zu wahren, werden die eigenen Bedürfnisse vernachlässigt. Die Betroffenen nehmen jeden Erfolg auf ihr Äußeres zurück und können sich nicht vorstellen, dafür akzeptiert und gemocht zu werden. Viele Frauen haben deshalb Angst vor dem Älter werden, da sie sich nicht mehr perfekt fühlen.

Kann weiblicher Narzissmus geheilt werden?

Es ist allgemein bekannt, dass Narzissten eine unheilbare Persönlichkeitsstörung haben, da sie sich selbst für perfekt halten und keinen Makel an ihrem Verhalten sehen. Beim weiblichen Narzissmus leiden die Betroffenen häufig stark. Durch Psychotherapie kann der Leidensdruck verringert werden.

Die Übungen dienen dazu.

Die eigenen Bedürfnisse zu erkennen und sie zu befriedigen.

Den Kontakt zu seinem wahren Selbst aufzunehmen.

Die Möglichkeit zur Autonomie zu erlangen.

Die Möglichkeit, sich selbst zu verwirklichen.

Die Ängste zu überwinden, ist ein wichtiger Schritt.

Beziehungen aufbauen zu können.

51

Was sind Minderwertigkeitskomplexe?

Personen, die sich minderwertig fühlen, leiden auch unter einem negativen Selbstbild. Ihre Leistungen und Erfolge scheinen ihnen nicht ausreichend zu sein, da sie unerfüllbare Ansprüche an sich selbst stellen.

Der Perfektionismus neigt zu einer Perfektion, die sich an vermeintlichen charakterlichen Schwächen zeigt und depressiv ist, wenn ihr Tun nicht ihren hohen Ansprüchen an sich selbst genügt. Dies führt sie zu immer neuen, immer extremeren Leistungen, die jedoch mit psychischen und physischen Erkrankungen einhergehen. Viele Betroffene leiden unter geschlechtsabhängigen Symptomen wie Aggressivität bei Kritik, Essstörungen und Süchten. Unter Minderwertigkeitskomplexen leiden Menschen häufig, um die Konfrontation mit anderen zu vermeiden. Eine mangelnde soziale Kontaktpflege und Einsamkeit sind die

Folgen und verstärken die Minderwertigkeitskomplexe weiter.

Ursachen

Bei allen psychischen Störungen sind die Ursachen für Minderwertigkeitskomplexe in der Kindheit zu suchen. In der Kindheit litten die Betroffenen unter mangelnder elterlicher Liebe und Fürsorge und unzureichender Anerkennung ihrer Leistungen. Die Ursachen von Minderwertigkeitskomplexen sind ausbleibendes Stillen, zu wenig Zeit für das Kind und fehlende empathische Unterstützung seitens der Eltern. Als Kinder wurden sie oft kritisiert und selten gelobt. Auch eine zu starke Verwöhnung der Kinder kann später zu Minderwertigkeitskomplexen führen. Denn ohne die Verwöhnung bliebe das Kind und der Erwachsene später auf der Suche nach Anerkennung, die in einer gesunden Beziehung unmöglich ist. Trotz häufig beachtlicher Karrieren suchen die Betroffenen beider Ursachen beständig Anerkennung und können Erfolge nicht genießen. Die ständige Unsicherheit und die fast zwanghafte Gewohnheit, sich bei allem Tun mit anderen zu vergleichen, machen Betroffene zu depressiven Außenseitern.

Was tun gegen Minderwertigkeitskomplexe?

Jeder Mensch fühlt sich in bestimmten Situationen minderwertig. Dieses Verhalten ist normal, denn niemand ist perfekt. Wenn du jedoch an dir selbst keine Stärken erkennst und dich durch die Komplexe immer nur noch kleiner machst, können dir die folgenden Tipps weiterhelfen.

Das Selbstbewusstsein ist die erste Säule des Selbstvertrauens, nämlich das Wissen um Deine Stärken, Fähigkeiten und Kompetenzen, aber auch Deine Lernmöglichkeiten und Werte. Die zweite Säule ist der Selbstwert, den Du Dir selbst gibst. Was macht Dich aus? Was macht Dich besonders? Nicht die Erfolge, nicht die Fehlschläge, sondern der Selbstwert ist unabhängig von allem. Wenn Du Deine Stärken und Schwächen kennst und Dich selbst als Individuum wertschätzt, dann hast Du die besten Voraussetzungen, um Selbstvertrauen aufzubauen.

Selbstvertrauen ist erlernbar und vor allem wichtig auf die innere Stimme zu hören. Selbstbewusstsein ist nicht nur ein Bewusstsein über sich selbst, sondern auch ein Bewusstsein seiner selbst in seiner gegenwärtigen Lebenssituation richtig einschätzen zu können, die man in seinem Alltag auf einer gesunden Art erledigen kann. Was ist ihr Ziel, was ist ihr Wunsch und was ist ihnen wichtig? In welchen Zielen und Wünschen sollte ich mich weiterentwickeln, damit ich sicher und gut, zufrieden an mein Ziel vorankomme. Seien sie sich bewusst sich gut förderlich einschätzen zu können für ihr leben. Ein gesundes Selbstwertgefühl ist genauso wichtig wie das Selbstbewusstsein, den Wert, den du dir selbst gibst. Beides sind wichtige Faktoren für deine Einzigartigkeit. Der Selbstwert ist unabhängig von Erfolg oder Karriere und was du erreicht hast, oder wenn etwas nicht funktionierte. Wenn man seine Stärken und Schwächen kennt, kann man sein Selbstbewusstsein stärken. Wenn sie jemanden fragt, ob sie gut Zeichnen können, und sie überlegen länger als üblich, dann kann man davon ausgehen, dass sie es nicht so gut können. Wie bei dieser Frage, was können sie gut, oder was gefällt ihnen, da braucht es nicht allzu lange diese Frage zu beantworten. Es wäre vorteilhaft auf einem Papier aufzuschreiben, was sie können und was sie nicht können. Sie werden erkennen, dass es wichtig ist, sich auf seine Stärken zu konzentrieren und Schwächen erst mal zu akzeptieren. Das gute ist, dass man an seine Schwächen arbeiten und lernen kann. Erkennen sie sich selbst, die Schönheit, Wahrheit und die Gesundheit des Gleichgewichts. Die Beziehungen deiner Mitmenschen bieten dir Gelegenheiten zur tiefer Erkenntnis wie die verschiedenen Interessen und Bedürfnisse, die in einer Familie ausgeglichen und gefördert werden wollen. Die Kraft der Sinnhaftigkeit, die dir die Realität offenbaren kann und die Herzen vieler

Menschen in gemeinsamen Bestrebungen zusammenführen kann.

Was sind die Charaktereigenschaften eines Menschen?

Charaktereigenschaften sind persönliche Eigenschaften, die das Wesen und das moralische Verhalten eines Menschen ausmachen. Es sind die Merkmale, die eine Person auszeichnet. Es wird von Temperament, Persönlichkeit oder Charakter gesprochen. Die individuellen Eigenschaften eines Menschen beeinflussen nicht nur sein Verhalten, sondern auch seine Reaktionen auf die Umwelt und seine Emotionen. Ihre Persönlichkeit ist entscheidend dafür, wie Menschen in verschiedenen Situationen reagieren und ob ihnen etwas leichtfällt oder schwerfällt.

Die Unterschiede zwischen Charaktereigenschaft und Merkmal

Charakterzüge sind Adjektive, die einen Menschen beschreiben. Sie beantworten Fragen zu grundlegenden Themen wie beispielsweise. Wer bin ich? Was ist meine Einstellung? Was ist mein Verhalten, oder was ist die Ursache meines Verhaltens? Der Ausdruck des Charakters ist ein wichtiger Bestandteil der Persönlichkeit. Charakterzüge sind eher die Folge von Merkmalen. Eine leise Stimme kann ein Anzeichen für einen wachsameren und vorsichtigen Charaktertyp sein.

Positive Charakter Eigenschaften

Freundlich, höflich, hilfsbereit, harmonisch

Fair, fleißig, besonnen, fröhlich

Gerecht, gewissenhaft, geduldig, geerdet

Liebenswert, kreativ, flexibel, kommunikativ

Innovativ, harmonisch, hilfsbereit, mutig

Bodenständig, mitfühlend, mitfühlend, loyal

Bescheiden, diszipliniert, umsichtig, tolerant

Warmherzig, weitsichtig, tüchtig, offen

Zuverlässig, zuversichtlich, überzeugend

Vertrauensvoll, vertrauenswürdig,
unkompliziert, spontan, organisiert

Zielstrebig, wohlwollend, verständnisvoll

Respektvoll, nachsichtig, selbstbewusst

Niveauvoll, nett, ambitioniert, positiv...

Sie können jetzt selbst die positiven Charaktereigenschaften aufschreiben, die bei ihnen in ihrem Charakter ausgeprägt sind. Wenn sie einige erkennen werden, dann dürfen sie sich selbstverständlich glücklich schätzen und darüber freuen, das wird ihr Selbstvertrauen stärken und ihr Selbstwert wird geschätzt. Wenn sie ihre Mitmenschen in ihrem Umfeld beobachten und miteinander harmonische Zeit verbringen, dann haben sie sicher einige Eigenschaften, dass man sie wertschätzt, und sie schätzen ihre Mitmenschen.

Gaslighting

Ein Gaslighting ist eine Form von psychischer Gewalt, bei der die Opfer so stark durch Lügen, Leugnen und Einschüchterungstaktiken manipuliert werden, dass sie an ihrem eigenen Verstand zweifeln. In der deutschen Sprache wird das Wort "Gaslighting" aus dem Begriff "Gasbeleuchtung" zusammengesetzt. Im deutschsprachigen Raum wird die englische Variante bevorzugt. Die Täter und Täterinnen fühlen sich durch Gaslighting mächtig und kontrolliert. Wenn man Gaslighting betreibt, kann man wahrscheinlich keine Zeit haben, über seine Emotionen nachzudenken oder Selbstreflexion zu üben. Sie möchten ihr niedriges Selbstwertgefühl nicht offen ansprechen, da es ihnen unangenehm ist. In einigen Fällen sind Narzissten auch als Gaslighter oder Gaslighterinnen bekannt; Menschen, die keine Reue für ihr Handeln und keine Empathie gegenüber Mitmenschen empfinden.

Das Gaslighting kann vonseiten des Täters oder der Täterin bewusst und unbewusst geschehen, lässt sich jedoch unter keinen Umständen rechtfertigen. Einige Menschen wenden Gaslighting als Taktik an, um die Kontrolle in einer Beziehung zu behalten und den Schaden nicht zu erkennen, den sie beim Partner oder der Partnerin anrichten.

Einige von ihnen betreiben Gaslighting schon so lange, dass es ganz natürlich ist. Man sollte nicht vergessen, dass die meisten Gaslighter und Gaslighterinnen mit Absicht handeln. Durch ihre Handlungen sind sie in der Lage, das Ziel zu erreichen und was ihr Handeln beim Opfer auslöst.

So erkennst du Gaslighting

Ihre eigenen Probleme werden auf dich übertragen.

Ihre Taten sind nicht mit ihren Worten zu vergleichen.

Sie quälen dich über einen längeren Zeitraum hinweg.

Sie bestreiten, gelogen zu haben, obwohl du Beweise dafür hast.

Sie erzählen verdeckte Lügen.

Sie versuchen andere gegen dich aufzuhetzen und schlecht zu machen.

Sie wissen, dass Verwirrung die Urteilskraft und die Entscheidungsfähigkeit von Menschen beeinträchtigt.

Es gibt zwischendurch positive Affirmationen, die dich verwirren.

Dinge, die dir wichtig sind, werden gegen
dich als Waffe eingesetzt

Dir wird mitgeteilt, dass du oder die
anderen verrückt sind und dir wird
versichert, dass die anderen lügen.

Wie beginnt Gaslighting?

In Partnerschaften beginnt Gaslighting oft
erst nach einer gewissen Zeit. Erst einmal
gewinnen sie das Vertrauen ihres Partners
oder der Partnerin und benehmen sich
normal. Die Täter und Täterinnen
beginnen dann, der anderen Person zu
zeigen, dass sie unverlässlich, vergesslich
oder nicht ganz bei Sinnen ist.

Gaslighting ist ein Phänomen, das in Beziehungen auftritt.

Gaslighting findet in allen möglichen Beziehungsformen statt: in Freundschaften, in Familien, in Sekten und in Beziehungen. Wie bereits im Teil „Psychologie von Gaslighting" erwähnt, nutzen Gaslighter Manipulation, um in Beziehungen die Oberhand zu gewinnen und die Verantwortung keinesfalls zu übernehmen.

Du zweifelst an deiner geistigen Gesundheit -Verstand

Ein Risiko ist, dass es immer schwerer wird, sich selbst zu trauen. Deshalb merkt man nicht sofort, dass es jemandem angetan wird. Es sind viele Phasen Momente in deinem Leben, indem du immer wieder fragst, ob ich den Verstand verloren habe oder ob meine Gefühle klar und deutlich sind. Das deutet stark darauf hin, dass du in einer starken Gaslighting Beziehung bist.

Dein Partner zeigt kein Interesse an deinen Gefühlen und verhält sich abweisend.

Im Alltag oder in deinen Lebensmomenten, mit deinen Bedenken oder Sorgen wirst du direkt mit Sätzen wie, das ist Quatsch wie du denkst oder "Du bist einfach zu sensibel" gelähmt - blockiert - unausgeglichen, oder du machst nur sinnlosen Stress. In einer harmonischen, gesunden Partnerschaft würde dein Partner dich neutral wahrnehmen, zuhören und helfen wollen.

Wenn du ständig sprichst, wirst du meistens unterbrochen

Bei einem Streit wirst du ständig unterbrochen und kommst nicht dazu, dein Denken und Sicht der Dinge zu äußern. Du hast keine Gelegenheit dich zu erklären und benutzt stattdessen Sprachaufnahmen oder Textschreiben.

Deine Wahrnehmung in Wort, Schrift und Audio zu äußern, führt zu Schuldgefühlen.

Es könnte für dich zu einem Problem werden, deine Gefühle oder Sorgen mit deinem Partner zu teilen. Wenn du deine Gedanken, Gefühle und Bedenken teilen willst, fühlst du dich meistens schuldig. Obwohl du Klarheit erschaffen möchtest in einer gesunden Art und Weise, scheiterst du mit einem schlechten Gewissen.

Wenn du sagst, dass du verletzt bist,
entschuldigt sich dein Partner nicht.

Du sagst deinem Partner, dass dessen
Handlungen oder Worte dich verletzen,
doch dein Partner zeigt keine Empathie
und keine Reue. Dir wird gesagt, in der Tat,
du hättest keinen Grund oder Recht, dich
so zu fühlen. Dein Partner ist nicht bereit,
Verantwortung für sein Handeln zu
übernehmen, und du bist erschöpft, weil
du stets die Verantwortung für deine
Gefühle übernehmen musst. Um zu
entscheiden, ob diese richtig sind oder
nicht.

Dein Partner gibt dir oder äußeren Einflüssen die Schuld an der Misere.

Wenn dein Partner bei Konflikten dir, die Schuld gibt oder Situation bedingt äußerlich für sein Handeln verantwortlich sein soll, handelt es sich wahrscheinlich um Gaslighting. Nach dem Thema wechselt meistens der Partner das Thema zu etwas, das du getan haben sollst, anstatt seine Fehler anzusprechen. Der Partner versucht, dich kleinzuhalten und dich als zu sensibel darzustellen, um Verantwortung zu übernehmen.

Du zweifelst daran, dass du nicht genug sein würdest.

Du glaubst, dass du nicht ausreichend bist. Bis jetzt hat dein Partner deine Gefühle zurückgewiesen, geschwächt oder dir die Schuld gegeben. Als Konsequenz fängst du an, diese Behauptungen zu verinnerlichen und glaubst, alles wäre deine Schuld. In einer gesunden Beziehung ist es unmöglich, dass ein solcher Umstand eintritt. Es ist völlig normal, dass beide Partner Fehler machen und sich für diese entschuldigen. Eine einseitige Beziehung weist auf ein Ungleichgewicht hin, das durch Themen wie Macht und Kontrolle geprägt ist.

**Mit welchen Maßnahmen kannst du
Gaslighting stoppen?**

**Finde Unterstützung bei der Klärung dieser
toxischen Erfahrungen, um von außen
Bestätigungen zu erhalten.**

**Gaslighting ist manipulativ und raubt dir die
Lebensenergie. Es ist wichtig, dass du dich von
Familie, Freunden und eventuell einem
Therapeuten unterstützen lässt. Sie werden
bestätigen, dass das, was du fühlst, richtig ist.
Du erfährst eine andere Sichtweise auf deine
Situation und erhältst gleichzeitig Empathie.**

**Unterhalte dich mit deinem
Partner über das Gaslighting.**

Es besteht die Möglichkeit, dass sie nicht wissen, was sie tun und wie du dich dabei fühlst. Probiere, mit deinem Partner darüber zu sprechen, was Gaslighting ist, wie es sich auswirkt und wie es verletzend sein kann für dich. Dieses Vorgehen kann für dich sehr anstrengend sein, wenn dein Partner nicht bereit ist, Einsicht zu zeigen. Für die Beziehung kann es gut und gesund sein, wenn diese toxischen Muster verschwinden.

**Wenn Gaslighting besteht,
beenden Sie die Beziehung.**

Falls es weiterhin zu Gaslighting kommt und Konfrontation keine Option ist, sollte die Beziehung beendet werden. Sobald es zu Gewalttätigkeiten kommt, sollte die Beziehung beendet werden.

Beobachte den Muster - Charakter

Überlege dir, ob dein Beziehungsmuster weiterhin Bestand haben wird oder nicht. Es ist nicht möglich, dieses Verhalten vorherzusehen. Wenn wir jedoch auf eine schlechte Beziehung zurückblicken, erkennen wir häufig, dass wir in der Hoffnung auf Liebe und Bindung bestimmte Warnsignale ignoriert haben.

Das Gaslighting ist nie deine Schuld.

Gaslighting ist niemals deine Schuld, auch wenn dein Partner oder deine Partnerin dich dazu bringen möchte, das Gegenteil anzunehmen. Es ist nicht deine Verantwortung, das Gaslighting zu stoppen. Ein gesunder Mensch ist für sein Verhalten verantwortlich und wenn es um Gaslighting geht, muss der Täter oder die Täterin bereit sein, sich zu verändern.

Perfektionismus
Stets immer perfekt sein?

Perfekt sein und stets immer darauf achten, dass alles stimmt und niemand über dich etwas denken soll, Kontrollzwang und Perfektionismus. Viele wollen gar nicht so perfekt sein, wie sie tun, und wirken, da steckt eine Angst dahinter zu versagen, als Verlierer dazustehen. Angst nicht genug schlau zu sein, intelligent, schön, nicht groß zu sein, Angst vor der Ablehnung. All das trägt der Mensch mit sich herum, um nicht genug oder gut zu wirken, es ist die Angst davor zu versagen. Geh mal bitte in dich hinein, und du wirst feststellen, dass es auch bei dir so etwas gibt, aber dies ist normal, du bist nicht die einzige Person, die das erlebt. Es ist normal, dass man sich gut darstellen oder gut aus sich heraus wirken möchte. Man möchte einfach gemocht oder geliebt werden, das steckt in jedem Menschen. Der Mensch ist ein Beziehungsmensch, wir brauchen Beziehungen zu unseren Mitmenschen, es gehört zum Leben dazu, glücklich zu sein. Deshalb sei dir bewusst, dass man es nicht immer recht für unseren Mitmenschen machen können, darum ist man noch lang kein schlechter Mensch. Der Humor ist eine wunderbare Eigenschaft, es kann dir in deinem Alltag besser helfen, wenn es mal nicht so nach Wunsch verlauft, die du dir als Aufgabe vorgenommen hast. Frag dich selbst mal in welchem Umfeld du bist oder arbeitest, wie nehmen deine Mitmenschen es auf, wenn es mal nicht bei ihnen funktioniert. Verbringen Sie den ganzen Tag mit einer traurigen Mimik im Gesicht, weil man nicht perfekt war oder es nicht funktioniert hat. Beobachten Sie in ihrem Umfeld die Art der Reaktionen ihrer Mitmenschen, und sie werden vieles mitnehmen können auf ihrem Weg, den Humor über sich selbst zu lachen, gleichzeitig eine wundervolle Sympathie ist, macht dich sympathisch als Mensch und fördert gleichzeitig die Gesundheit und das

Selbstvertrauen in dir, weil man sich Fehler erlauben darf, weil man nicht perfekt ist, und das Umfeld deiner Mitmenschen würde man fördern positiv.

Dein Erfolgstagebuch

Dein persönliches Erfolgstagebuch, was kann man sich darunter vorstellen?

Erfolgserlebnisse aufzuschreiben, fördert das Selbstvertrauen und Bewusstsein, wenn man vor dem Schlafengehen dies bewusst aufschreibt. Im Alltag erlebst du viele Momente, die dir vielleicht unangenehm sind oder nicht einfach zu übernehmen sind. Sobald die Überwindungen in deinen Momenten erfolgreich waren, dies solltest du in deinem kleinen Tagesbüchlein aufschreiben. Am förderlichsten ist es, wenn man dies 15 bis 30 Min vor dem Schlafen aufschreibt. Einige Beispiele sind, wenn du einen kleinen Streit mit deinem Freund oder Bekannten hattest, und du ihn mehrmals ansprechen wolltest, du dich aber nicht getraut hast, mit ihm darüber zu sprechen, und dann letztendlich an einem anderen Tag ausgesprochen hast, dann ist das ein Erfolg, aufschreiben. Wenn du absolut etwas nicht magst und es sollte, gemacht werden, wie Gardinen abhängen, waschen und aufhängen, und dies wurde von dir gemacht, dies ist ein Erfolg, aufschreiben. Wenn du öfters sehr schüchtern bist in einem Laden eine Verkäuferin anzusprechen, und du hast es nach einigen Versuchen erfolgreich geschafft, sie/er anzusprechen, dann ist dies ein Erfolg, natürlich aufschreiben. Du hattest ein gutes erkenntnisreiches Gespräch gehabt mit einem Bekannten, aufschreiben dies ist ein Erfolg. Du hast dir vorgenommen ein Ziel oder mehrere an einem Tag, um zu setzen, dies ist ein Erfolg, aufschreiben. Du planst, Joggen oder Wandern zu unternehmen oder auch nur raus im Park frische Luft zu atmen, auch dies ist ein Erfolg, Aufschreiben. Du entscheidest, was du als Erfolg verbuchen kannst und wie du diesen festhältst. Du solltest dir zudem bewusst machen, was du an diesem Tag erreicht hast. Du selbst bestimmst, was für dich wertvoll und positiv ist. Dies wird dich dankbar und glücklich stimmen. Somit wirst du Stepp by Stepp dein

Selbstvertrauen aufbauen. Kennst du diesen Spruch? Ich habe so Kopfschmerzen und hab schlecht geschlafen. Es ist nicht förderlich, bevor man schlafen geht, ein Horror oder Krimi Film anzuschauen. Das Unterbewusstsein verarbeitet ständig die Erfahrungen, die du in deinem Alltag und in der Vergangenheit erlebt hast. Dies führt zu einem geistigen und psychischen Stresszustand, während du schläfst. Wenn du Klarheit und Erfolg in deinem Leben haben möchtest, dann sei dir bewusst, was du tust und wie du dich entscheiden wirst. Qualität bedeutet, dass man nicht immer vollkommen erschöpft ins Bett gehen und dann schlafen muss. Man kann auch gelassen müde ins Bett gehen und ausschlafen. Qualität in den Tag einleben, bewusst entscheiden, brauche ich das? Ist das förderlich für mich? Will ich mir jetzt dieses Gespräch oder Video anschauen, was mir geschickt worden ist, auf WhatsApp oder andere empfangene Nachrichten? Hilfreich ist

es, auch wenn man sich Notizen aufschreibt,
was will ich? Was will ich nicht?

Wie kannst du herausfinden, welche
Mitmenschen dich fördern auf einer
gesundheitlichen Bewusstseinsebene?

> Wer ist dir in Notsituationen zur Seite
> gestanden, ohne dass du darum
> gebeten hast?
> Wer hört dir zu, wer nimmt dich wahr?
> Sei es am Telefon, draußen in der
> Fußgängerzone, im Park, bei deiner
> Arbeitsstelle usw.
> Welche Person/en freuen sich für
> deine Erfolge, auch wenn du Erfolge
> feierst, dies kann vielfältig sein.
> An welchen Personen kannst du dich
> geborgen fühlen, wo du auch mal dich
> an seiner Schulter anlehnen kannst,
> oder dich umarmen lassen könntest,
> dich wohlfühlst. Wenn du dir diese

Fragen stellst und darüber im Klaren
bist,

wirst du vieles erkennen, welchen
Mitmenschen du vertrauen kannst, die
für dich da sind, die dir helfen, deinen
Weg zu gehen. Je mehr Menschen du
hast, die dir vertrauen und
unterstützen, zuhören und du ihnen
vertraust,
umso leichter wird es sein, dein
Selbstvertrauen zu stärken.
Wenn du Menschen hast um dich, die
dir helfen, dich besser
kennenzulernen, denn du dich
anvertrauen kannst, und dir ehrliche
Rückmeldungen geben, stärkst du dein
Selbstbewusstsein. Denn
Selbstvertrauen besteht aus
Selbstbewusstsein und Selbstwert
Wenn du Menschen hast um dich, die
dich schätzen, und mit Respekt
behandeln, wo du dich einfach mit

Leichtigkeit wohlfühlst, und dich geborgen fühlst, dann hilft es dir dein Selbstwert aufzubauen. Somit kannst du ein starkes Fundament haben und aufbauen.

Ich hoffe, dass du in diesem Buch das wichtigste erkannt hast, was du tun kannst, für dein Leben und für deinen Zustand. Wenn du bekannte hast, die auch betroffen sind, dann kannst du sie aufmerksam machen, dass es immer Lösungen gibt ein besseres gesundes Leben zu leben, anstatt überleben.

Beste Wünsche, Willi

Göttliche Ordnung und Leichtigkeit wünsche ich dir, so sei es

Hier sind weitere Bücher von mir, die ich dir gerne vorstellen möchte, die dir eventuell weiterhelfen können, mit der Geisteshaltung und dem Glauben, mit Selbstliebe und der Nächstenliebe, mit dem himmlischen Vater und Jesus Christus ist es für mich leichter zu leben, es ist meine Berufung geworden für Mitmenschen zu helfen, und zu dienen. Ich persönlich habe nichts mit Religionen zu tun, ich würde auch niemals zu einem Mitmenschen sagen, wenn du nicht glaubst an Gott, dann kommst du in die Hölle. Das Buch ermordete Geschwister empfehle ich ihnen nicht, wenn sie momentan nicht in einer psychischen stabilen Verfassung sind.

Der freie Wille ist das Grundrecht, das der Heilige Vater all seinen Kindern gegeben hat. Der himmlische Vater gibt ihnen das Recht, zu sein, wer sie wirklich sind und in ihrem Leben Entscheidungen zu treffen, die diese Wahrheit bestätigen. Eine Ungleichheit in unserem Leben, die eine direkte Wirkung auf unsere Rechte und Freiheit haben, ein

Individuum hat das Recht, in seiner Ungleichheit wahrlich genauso akzeptiert zu werden wie in seiner Gleichheit. Bei der Erfüllung seines Potenzials macht nicht jeder gleichmäßig Fortschritte. Nicht jeder wurde durch die verschiedensten Umstände geboren, in dem Wohlstand, die gleiche Gesundheit oder die Intelligenz zutreffend sind. Das sind Lebensumstände, die die Herzenshaltung geändert wurde, doch mit Mühe kann man die Herzenshaltung im Göttlichem Sinne wieder erreichen. Wie auch immer die Umstände kamen, der Mensch hat das Recht, in seinem Wesen, in seiner Realität Selbstachtung zu erfahren. Sei in Liebe, du bist Liebe, Liebe ist selbstverständlich. Gott will, dass es dir, uns gut geht, selbstverständlich.

Erfahrungen und Wahrnehmungen in Indien waren eine bereichernde wachsende Göttlichkeit in meinem inneren Geist, wie auch seelische Heilungen durch Erkennen und Gemeinschaft von Mitmenschen. Bilder und ein paar Zitate aus dem Thomas Evangelium werden euch einige Antworten durch den freien Willen erspüren lassen. Wir Christen Nachfolger sollten probieren, in jeder

Gegenwart Gottes keine Spaltung auszurichten, nur wenn es der Unwahrheit entspricht, loszulassen und in Liebe und liebevoll zurechtzuweisen. Das Herz trägt einen Abdruck deines wahren Charakters und der Liebe, die du bist, in sich. Das ist die einzige Art, wie es dich erkennt.

Über 1100 Menschen, die dem menschenverachtenden Zustand des Hitlerfaschismus ausgesetzt waren, wurden ermordet. Die Geschwister Scholl, Claus Schenk Graf von Stauffenberg und die Widerstandsbewegung „Weiße Rose" waren Widerstandskämpfer. Journalisten, Schauspieler, Politiker, Bauern, Ärzte und einfache Bürger haben sich gegen die grausame Zeit

gestellt und wurden verhaftet und
ermordet, die Namen der Betroffenen
werden in diesem Buch genannt.